Seuchenereignisse begleiteten die Geschichte der Menschheit schon lange vor der aktuellen Covid-19-Pandemie. Angesichts der Situation zu Beginn der 2020er Jahre wird ein bislang eher abstraktes Thema konkret, haben medizinhistorische Fragen Bedeutung für die unmittelbare Lebenswelt der Lernenden. Vor diesem Hintergrund interessieren sich die Menschen dafür, welche Seuchen früher die Gesellschaften bewegten und wie den Problematiken damals begegnet wurde.

In der Auseinandersetzung muss festgehalten werden, dass frühere Maßnahmen auf damals vorherrschenden Vorstellungen von Krankheiten und ihrer Genese und Bekämpfung basieren. So darf und kann man aus zahlreichen historischen Quellen nicht schließen, mit welcher Infektionskrankheit sich diese exakt befassen. Doch lässt sich aus diesen rekonstruieren, wie die gesellschaftlichen Reaktionen auf und die Folgen von Epidemien und Pandemien waren.

Das vorliegende Heft befasst sich mit dem Zeitraum von der Mitte des 14. Jahrhunderts bis hin zur Gegenwart. Mit didaktischen Impulsen für den Unterricht betrachtet diese Ausgabe Gemeinsamkeiten und Unterschiede im Umgang mit Seuchenereignissen in der Vergangenheit. Die Inhalte werden sachorientiert durch Infotexte eingeleitet. Diese stellen auch spezifisches Wissen zu den beschriebenen Erkrankungen bereit und können als verbindendes Element für geschichts-, gesellschafts- oder naturwissenschaftliche Perspektiven dienen. Über den Bezug zur aktuellen Covid-19-Pandemie wird das didaktische Prinzip des Gegenwartsbezugs erfüllt.

Alle Einzelkapitel beziehen sich auf ein Seuchenereignis und laden dazu ein, sich mit Hintergrundinformationen, historischen Quellen und inhaltlichen Impulsen zu beschäftigen. Zu den Themen gehören: Pest – „Der Schwarze Tod", Syphilis – „Krankheit der Venus", Cholera – „Der Blaue Tod", Pocken – und die Geschichte der Impfung, Tuberkulose – „Der Weiße Tod", Influenza – „Die Spanische Grippe", AIDS – der schleichende Tod und Corona – SARS, MERS und Covid-19.

Die jeweils gewählten Materialien (Karikaturen, Fotografien, Textquellen, Bildquellen, Statistiken) ermöglichen eine multiperspektivische Quellenarbeit. Die im kontrastiven Vergleich auftretenden Diskrepanzen regen an, selbst analytisch zu denken und historische Perspektiven kritisch zu hinterfragen. Den Bild- wie auch Textquellen wurden spezifische Aufgaben beigefügt.

Die einzelnen Themeneinheiten bauen nicht aufeinander auf; so können sie voneinander getrennt und auch in unterschiedlicher Reihenfolge in den Unterricht einbezogen werden. Die Materialien sind aufbereitet für Sekundar- und Oberstufe, lassen sich aber auch zu außerschulischen Lernangeboten oder zum Selbststudium nutzen.

Forschungsstand

Jüngere medizinhistorische Beiträge zeichnen einen überzeugenden Forschungsstand und fassen aus der Fülle an Studien zur Seuchen in Europa wesentliche Beiträge zusammen (Thießen 2015; Fangerau, Labisch 2020). Die Übersichten beschreiben ein breites Forschungsspektrum, das von der Geschichte antiker und mittelalterlicher Lepra- und Pestereignisse (Winkle 2005; Jankrift 2020) bis zu den Pocken-, Tuberkulose- und Cholerazügen (Evans 1996; Briese 2003) im 19. Jahrhunderts reicht. (Vögele et al. 2016; Vasold 2008; Dinges, Schlich 1995; Wilderotter 1995). Die für das 20. Jahrhundert beschriebenen Forschungslücken, die bislang in Teilen geschlossen sind, insbesondere zu AIDS (Eitz 2003; Beule, 1999; Weingart 2002) und Polio, Masern und Diphterie (Lindner 2004) und zur „Spanischen Grippe" (van Hartesveldt 1992; Philips, Killingray 2003; Hieronymus 2006; Witte 2006; Michels 2010). Mit Seuchenereignisse im 20. Jahrhundert befasst sich Thießen (2014), die Herausforderungen des beginnenden 21. Jahrhunderts behandeln Ulrichs et al. (2016).

Das vorliegende Themenheft schließt an die hier skizzierten Arbeiten an, um den Zusammenhang zwischen Seuchenereignissen, gesellschaftlichen Maßnahmen und aus beiden Prozessen resultierenden Folgen zu verdeutlichen.

Seuchen und der durch sie hervorgerufene gesellschaftliche Ausnahmezustand wirken wie ein Brennglas, über das bislang unsichtbare Spannungen eines politischen und sozialen Systems erkennbar werden. Sie können damit als Prüfstein für die Stabilität einer Gesellschaft verstanden werden (Mühlauer 1996). Über die historische Auseinandersetzung mit Seuchenereignissen ist es möglich, Lernenden zu vermitteln, inwiefern gesellschaftliche Reaktionen, Präventions- und Eindämmungsmaßnahmen wirtschaftliche und soziale Entwicklungen mit sich brachten. Alexander S. Kekulé (2013) beschreibt Seuchen daher treffend als „die politischste aller Krankheiten".

Eine europäische Seuchengeschichte geht sowohl über zeitliche und räumliche Grenzen als auch über die traditionellen Teilgebiete der Geschichtswissenschaften hinaus. Und genau in diesem grenzübergreifenden Interesse kann eine Chance für deren Vermittlung liegen. Lässt sich doch über die persönliche Betroffenheit und unterschiedliche Interessen für Politik, Gesellschaft, Kultur, Bildung, Mobilität, Technik, Recht oder Sport ein thematischer Bezug und damit ein Zugang zur Thematik finden.

Eine Stärke des Themenhefts liegt darin, exemplarisch gewählten Seuchenereignisse einer vergleichenden Betrachtung unterziehen zu können und darüber einzelne, sonst in Schulbüchern isoliert behandelte Themen kontextualisiert zu betrachten.

Hinweise zu den Materialien

Die vorliegende Handreichung lässt sich je nach verfügbarer Zeit und inhaltlicher Gewichtung im Unterricht variabel einsetzen. Über diese Materialien soll begreifbar werden, dass Geschichte nach wie vor aktuelle Bedeutung haben kann. Laut Bergmann (2001, 17) ist das „gegenwärtige Nachdenken über Vergangenes (notwendig), um Zukunft zu antizipieren und verantwortlich zu gestalten."

Der Arbeit mit dem vorliegenden Heft liegt das Ziel zugrunde, den Lernenden eine reflektierte und selbstreflexive Perspektive auf historische Fragestellungen zu vermitteln. Die kritische Arbeit mit verschiedenen Quellengattungen ist hilfreich, um historische Narrative zu formulieren, zu erkennen und diese differenziert betrachten zu können. Neben historischen Kenntnissen sollen die dabei generierten Fähigkeiten und Fertigkeiten den historischen Orientierungsprozess ins Zentrum stellen. In diesem Lehrheft finden sich thematisch sortiert verschiedene Quellenarrangements zur thematischen Auseinandersetzung mit dem Themenfeld „Pandemien" in der Sekundarstufe. Es werden Materialien und Arbeitsaufträge angeboten und dabei Möglichkeiten zur Differenzierung und Anknüpfungspunkte zu weiteren historischen Themengebieten und anderen Fächern angedacht.

Beim sinnerfassenden Lesen ist es sinnvoll, Hilfen anzubieten: Dies könnten Erklärung von Wörtern sein oder das begleitete Paraphrasieren des dargestellten Inhalts durch die Lernenden. Auch könnten persönliche historische Erzählungen durch Formulierungshilfen unterstützt werden. (Kühberger, Windischbauer, 2009, 99–102). Weiter empfiehlt Kühberger (2015, 44), sich Quellen mit Hilfe von Fragen zu nähern: „Wer erzählt was, wie und warum/wozu an welchem Ort?". Diese Technik kann dabei helfen, den Aussagewert von Quellen einordnen zu können. Den Lernenden ist zu vermitteln, dass die Quellen weniger als „Fenster in die Geschichte" dienen dürfen, sondern dass diese in ihrer Zeit und in ihrer individuellen Perspektive verstanden werden wollen und daher einer kritischen Prüfung bedürfen (Buchberger, Eigler, Kühberger, 2019, 52; Pandel, 2003).

Einstieg

Infektionserkrankungen entstehen durch Eindringen, Vorhandensein und Vermehrung von Krankheitserregern (wie Viren, Bakterien, Pilze oder Parasiten) im menschlichen Körper. Wenn Erkrankungen massenhaft mit der Tendenz einer zunehmenden Verbreitung auftreten, spricht man von einer Seuche. Die zeitgenössische Infektionsmedizin definiert „Seuche" als *„Anhäufung von gefährlichen, jedoch nicht immer kontagiösen Infektionskrankheiten in größeren und kleineren Gebieten über eine bestimmte Zeit mit der Tendenz zur Massenausbreitung."* (Rolle 2007, 25)

Seuchen werden nach ihrer Ausbreitung und Entstehung kategorisiert – oftmals besteht ein fließender Übergang (Rolle 2007; Güll 2013):

- Endemie: räumlich begrenzte Häufung einer Infektionskrankheit, jedoch ohne zeitliche Begrenzung (z. B. Masern in Mitteleuropa).
- Epidemie: zeitlich und räumlich begrenzte Häufung einer Infektionskrankheit innerhalb einer menschlichen Population (z. B. Cholera in Europa, Ebola in Westafrika).
- Pandemie: zeitlich begrenzte Häufung einer Infektionskrankheit, jedoch ohne räumliche Begrenzung (z. B. Pest, Covid-19).

Die Auswirkungen von Seuchen in der Vergangenheit waren umfassend: So fielen im mittelalterlichen Europa über ein Drittel der Bevölkerung, also etwa 25 Millionen Menschen, der Pest zum Opfer; auch Cholera oder Pocken wirkten sich verheerend aus. Die „Spanische Grippe" kostete weltweit mehr als 20 Millionen Menschen das Leben. Auch AIDS gilt mit über 20 Millionen Verstorbenen und über 40 Millionen Infizierten weltweit als eine der großen Seuchen unserer Zeit. Nicht zuletzt ist die aktuelle Covid-19-Pandemie zu nennen.

Im Rückblick zeigt sich, dass Seuchen nicht nur Katalysator für bereits vorhandene Problematiken sein können: So beförderte die Pest den Buchdruck, die Pocken die öffentliche Gesundheitsvorsorge über Impfung und Statistik und die Cholera städtische Wasser- und Abwassersysteme. Covid-19 scheint digitale Kommunikationslösungen (bspw. Fernunterricht, Telearbeit) zu ermöglichen und darüber die Digitalisierung von Lern- und Arbeitswelten zu beschleunigen.

Es wird deutlich, dass Forschung und Seuchenprävention von historischen Ereignissen lernen. So beruhen aktuelle Pandemiepläne im Umgang mit Influenza oder Covid-19 auf Vergleichsdaten der „Spanischen Grippe". Auch das Wissen auf die Übertragung von Erregern zwischen Mensch und Tier stützt sich auf Erkenntnisse aus bisherigen Influenza-Epidemien.

Als charakteristische Beispiele für Seuchenereignisse sind im europäischen kollektiven Gedächtnis v.a. die Pest und die Cholera verankert (Thießen 2015). Die folgenden Kapitel gehen exemplarisch auf einzelne Episoden im europäischen Raum ein.

M1 Zur Information

Die Pest ist eine bakterielle Infektionskrankheit, die als äußerst ansteckend gilt und durch Rattenflöhe bzw. von Mensch zu Mensch übertragen wird. Sie kann in unterschiedlichen Formen auftreten, u.a. als Beulenpest und Lungenpest. Ihre Bezeichnung leitet sich vom lateinischen Begriff „pestis" für Seuche ab und wird in historischen Quellen oft ohne direkten Bezug auf die Erkrankung Pest verwendet. Die Pest gilt mit als eines der prägendsten Seuchenereignisse der menschlichen Geschichte. Forschende sprechen von drei Pandemien des Pesterregers: Erste Pandemie („Justinianische Pest", 6.–8. Jh.), Zweite Pandemie (14.–19. Jh.), Dritte Pandemie (Ende 19. Jh.–Mitte 20. Jh.) (Bramanti et al. 2019).

Der am nachdrücklichsten im europäischen Gedächtnis verhaftete Ausbruch der Pest begann um 1350 und kostete europaweit rund 25 Millionen Menschenleben. Ackerland verödete, Ortschaften verschwanden und ganze Landstriche wurden entvölkert. Die schnelle Ausbreitung erfolgte entlang internationaler Handelswege.

Die Obrigkeit begegnete der Pest mit Maßnahmen wie der Isolation möglicher Infizierter. 40 Tage – „quaranta" – wurden Personen, die verdächtigt wurden, Erkrankte oder Krankheitsübertragende zu sein, von der Gesellschaft getrennt (Kaufmann 2020). Auch heute noch gilt die Quarantäne als aufwändige, jedoch sehr wirksame seuchenhygienische Maßnahme, die vor allem bei rasch ansteckenden Krankheiten mit hoher Sterblichkeit angewendet wird.

Seinerzeit wusste die Bevölkerung nichts über Entstehung und Verbreitung der Seuche und erklärte diese mit Verschwörungstheorien. Als angebliche Schuldige wurde die jüdische Bevölkerung erklärt; dieser Irrglaube führte zu Verfolgung und zahlreichen Übergriffen auf die jüdische Bevölkerung im Heiligen Römischen Reich deutscher Nation (Haverkamp 1981). Auch war die Auffassung verbreitet, dass die Seuche eine Strafe Gottes für sündiges Verhalten sei. Mit dem Aufkommen der Seuche nahmen frommes Verhalten und damit auch Wallfahrten zu.

Der Ausbruch der Pest traf Europa in einer Phase, die gleichzeitig durch mehrere Krisen geprägt war: Mit einer großen Agrarkrise im 14. Jahrhundert – verursacht durch Klimaveränderung und Bodenermüdung – gingen Hungersnöte einher. Auch Kriege intensivierten die Produktionsrückgänge. Die Bevölkerung war geschwächt durch Hunger, Tuberkulose, Lepra und Ruhr. Diese Krisen verursachten einen massiven Bevölkerungsschwund und führten zu einer Arbeitskräfteknappheit, die wiederum Lohnanstiege bewirkte und technische Innovationen beförderte (Vögele 2020). Die Obrigkeit reagierte auf die Pest mit behördlichen Verhaltensregeln und Hygiene-Verordnungen, „Pesthäuser" und Spitäler wurden eingerichtet, das öffentliche Gesundheitswesen entwickelte sich.

So gilt die Pestepidemie als epochale Zäsur in der europäischen Geschichte, begleitet vom Wandel der mittelalterlichen Gesellschaftsordnung und dem erschütterten Glauben einer von Gott zugewiesenen Ständeordnung. Damit hat die Pest Lebensverhältnisse, Denken und Verhalten der Menschen nachhaltig beeinflusst. Die letzten Pestepidemien trafen Europa im 18. Jahrhundert, auch heute tritt sie noch gelegentlich auf.

Im Lauf der Geschichte traten weitere seuchenartige Erkrankungen auf, doch ist keine bisher so präsent im kollektiven Bewusstsein der Menschheit wie die Pest. An die Pest wird in Kunst, Literatur, Religion und Politik erinnert; sie findet sich in Pestsäulen und -kreuzen, den Schutzpatronen Sebastian und Rochus, im Theater wie in den Passionsspielen von Oberammergau, in der Literatur wie in Boccaccios „Decamerone" oder in Camus' „Die Pest".

Verfassertext

M2 Giovanni Boccaccio: Das Dekameron, Erster Tag, Erste Geschichte (1349–1352, überarb. 1370–1371)

Wir wollen davon schweigen, daß ein Mitbürger den andern mied, daß der Nachbar fast nie den Nachbarn pflegte und die Verwandten einander selten oder nie besuchten; aber mit solchem Schrecken hatte dieses Elend die Brust der Männer wie der Frauen erfüllt, daß ein Bruder den andern im Stich ließ, der Oheim seinen Neffen, die Schwester den Bruder und oft die Frau den Mann, ja, was das schrecklichste ist und kaum glaublich scheint: Vater und Mutter weigerten sich, ihre Kinder zu besuchen und zu pflegen, als wären es nicht die ihrigen.

Giovanni Boccaccio: Das Dekameron, Darmstadt 1999, S. 16 f.

1. Erkläre die Redensart: „Es stinkt wie die Pest."
2. Finde ähnliche Redensarten und erläutere deren Bedeutung.
3. Erkläre die in M2 beschriebenen Reaktionen der Menschen auf die Pest im 14. Jahrhundert.
4. Vergleiche diese Verhaltensweisen mit dem Umgang der Bevölkerung mit Covid-19-Erkrankten im 21. Jahrhundert.

M3 Miniatur: Begräbnis von Pestopfern in Tournai, Belgien, von 1376–77

Bibliothèque royale de Belgique, MS 1376-77, f. 24v.

Erläuterungen: Szenen dieser Massenbegräbnisse von Pestopfern fanden ihren Weg in die Kunst dieser Zeit. Eines der eindrücklichsten Beispiele findet sich in Chroniken des Abtes Gilles Li Muisis (1272–1352) und seiner Beschreibung der Beerdigung von Pestopfern in Tournai in Belgien. Das düstere Bild zeigt einen einsamen Totengräber, der von der Ankunft der Überlebenden, die Scharen von Särgen zur Beerdigung tragen, schnell überwältigt wird. So tragisch und schäbig es auch erscheinen mag, so war der Zustand vieler Städte nach Ausbruch der Seuche. *„Ich weiß nicht, wo ich anfangen soll"*, beklagte Li Muisis in der Chronik, *„überall wurde geweint und getrauert. Die Sterblichkeit war so groß, dass die Menschen kaum noch zu atmen wagten. Die Toten waren zahlreich, und die, die noch lebten, gaben sich als verloren auf und bereiteten sich auf das Grab vor."* Solche Szenen verdeutlichen auf erschreckende Weise, dass auf dem Höhepunkt der Pest die Zahl der Toten die der Lebenden schnell zu übertreffen begann.

Nach: Marisa Kahla, 2019, Arrows of Affliction: The Bubonic Plague and Its Representation in Medieval Art and Literature, in: The Saber and Scroll Journal 8 (1), 29–47.

M4 Augsburger Pesttafel aus den Jahren 1607–1635

Erläuterungen: Während der Pest im 16./17. Jahrhundert wurden aus Angst vor einer Ansteckung Gebäude, in denen Menschen an Pest erkrankt waren, auf unterschiedliche Weise sichtbar markiert: durch farbige Kreuze, Strohkränze oder auch Pesttafeln. Die hier dargestellte Pesttafel wurde in Augsburg zur Warnung vor der Pest angebracht. Dort grassierte die Pest zwischen 1607 und 1636.

Die Erkrankten wurden in den eigenen Räumlichkeiten oder in Lazaretten bzw. Pesthäusern eingeschlossen. In der Isolation wurden sie mit Nahrung und Arznei versorgt, gleichzeitig wurde die Isolation zum Teil bewaffnet überwacht.

Die für die Erkrankten eingerichteten Pesthäuser wurden meist außerhalb oder am Rand von Ortschaften errichtet. Auch wenn sie zum Teil großzügig über Raum verfügten, war während akuter Epidemien der vorhandene Platz meist kaum ausreichend. Gleiches galt auch für die Friedhöfe wie auch für die Kapazitäten im Bestattungswesen. In diesen Zeiten waren für den Transport von Verstorbenen und zum Ausheben von Massengräber zusätzliche Personen nötig. Sämtlichen Maßnahmen gemeinsam war das Interesse, die Ausbreitung der Pest einzudämmen.

1. Erläutere, wie wir heute mit Krankheiten und mit dem Sterben umgehen.
2. Recherchiert gemeinsam, woher der Begriff Quarantäne stammt.
3. Klärt miteinander, inwiefern eine Quarantäne erfolgreich sein und an welchen Aspekten sie scheitern kann.

M5 Breverl gegen die Pest, Alpenraum, 18. Jahrhundert

Zwei Breverl (nirgidma, CC BY-SA 2.0)

Erläuterungen: Breverl (von lat. breve, für kurze Gebete und Texte) sind kleine aufklappbare christliche Amulette, die einen Faltzettel mit Andachtsbildern enthalten können. Dazu kommen meist Gebete, Bibelverse, Sinnsprüche und geweihte Gegenstände (Medaillen, Pflanzenteile, Wallfahrtsandenken) oder Reliquien. Sie waren meist in dauerhafte, meist geschmückte Hüllen gesteckt und wurden an Bändern unter der Kleidung direkt am Körper getragen, sollten als Talisman und Heilmittel dienen und die sie Tragenden vor Erkrankungen und Unheil schützen.

Die Pflanzenteile waren meist Palmkätzchen, Wacholder (Segenbaum), Bärlapp oder Farne; die Andachtsbilder stellten Heilige, meist „Nothelfer" dar, die für spezielle Gebiete hilfreich waren. Rote Stoffstückchen sollten vor Hexerei bewahren, das Amulett sollte neben Krankheit auch vor Dämonen, Alpträumen und Flüchen schützen.

M6 Holzschnitt „Tanz der Gerippe"

Michael Wolgemut: Tanz der Gerippe, 1493.

Erläuterungen: Tanz der Gerippe (Auferstehung der Toten), Holzschnitt von Michael Wolgemut (1434–1519) aus dem Jahr 1493. Nach der Pestepidemie ab 1347 wurde das tanzende Skelett eine dominierende Figur in der darstellenden Kunst und der Literatur. Die Figur symbolisiert, dass der Tod jede Person zu jedem Augenblick zum letzten Tanz führen kann.

Der hier abgebildete Holzschnitt wurde erstmals 1493 in der Schedelschen Weltchronik veröffentlicht. Abgebildet ist der Ausblick auf das erwartete Jüngste Gericht und die damit erwartete Auferstehung aller Toten. Der Holzschnitt geht auf Michael Wolgemut aus Nürnberg zurück, einen Lehrer von Albrecht Dürer. Der „Totentanz" – eine Kunstform des ausgehenden Mittelalters – hielt den Menschen ihre unausweichliche Sterblichkeit vor Augen.

1. Recherchiere, welche Krankheitsursachen für die Pest in Mittelalter und Früher Neuzeit angenommen wurden.
2. Finde heraus, ob es auch heute vergleichbare Talismane gibt.
3. Der Aspekt der unterschiedlichen Betroffenheit von Krankheit der jeweiligen Bevölkerungsschichten gilt als sozialgeschichtlich bedeutsam. Erläutert, welche Gruppen damals an der Pest bzw. heute an Covid-19 erkrankten und welche eher verschont blieben.

Weitere Aufgaben

1. Ab dem ausgehenden Mittelalter nahmen Handelsströme in Europa beständig zu, auch über die Grenzen des Kontinents hinaus. Überlege, in welchem Zusammenhang der Handel und Seuchenereignisse stehen könnten.
2. Recherchiere die Folgen, die die Pestausbrüche in der Frühen Neuzeit für die Gesellschaft hatten.

M7 Zur Information

Die Syphilis ist eine chronische Infektionskrankheit, die hauptsächlich sexuell übertragen wird. Sie kann zu einem stadienhaften Verlauf führen, der auf vielfältige Weise Haut und Organe betreffen kann. Im letzten Stadium wird das zentrale Nervensystem zerstört.

Über Jahrhunderte wurden venerische Erkrankungen, da noch nicht unterscheidbar, je nach Erscheinungsform und -gebiet mit unterschiedlichen Begriffen belegt. Nach aktuellem Stand wird angenommen, dass mutmaßlich weniger virulente Formen des Syphiliserregers bereits in der Antike in Europa verbreitet waren. Ältere Theorien gehen davon aus, dass die Syphilis von Reisenden von der „Neuen Welt" Ende des 15. Jahrhunderts nach Europa gebracht wurde. Die ersten Beschreibungen der Krankheit erschienen ab 1495.

Im Übergang zum 16. Jahrhundert breitete sich die Syphilis explosionsartig in Europa aus. Die Verläufe der zeitgenössischen Variante waren schwer und forderten tausende Opfer. Die Virulenz des Erregers nahm im Laufe der Epidemie deutlich ab.

Die Symptome der Erkrankung zeigen sich vielfältig und werden oft mit mehreren Hauterkrankungen verwechselt. Das Wissen um Übertragungswege und Berichte über Therapieversuche fand über die junge Technik des Buchdrucks mit beweglichen Lettern rasche Verbreitung. Neben Büchern dienten vor allem bebilderte Flugblätter als Informationsmedium der Zeit (Schmidt 2007). So war bekannt, dass die Krankheit sexuell übertragen wird; gleichzeitig verstanden einige Zeitgenossen die Seuche als eine Strafe Gottes für „unsittliches" Verhalten.

Für die Erkrankung wurden zahlreiche Bezeichnungen verwendet, wie „morbus gallicus", „malafranczos", „Franzosenkrankheit", „böse Blattern" – der Begriff „Syphilis" geht auf ein Lehrgedicht von Giacomo Fracastoro zurück.

In den folgenden Jahrhunderten beeinflusste die Erkrankung das private wie öffentliche Leben aller gesellschaftlichen Schichten.

Die Syphilis hat die soziokulturelle Entwicklung Europas über mehrere Jahrhunderte in vielen Bereichen geprägt; vor allem in der Wissenschaft, aber auch im Sozialwesen, in der Kunst und Mode, Literatur und Politik. Auch moralische Normen, vor allem zum Sexualleben, wurden durch deren Erscheinen und Folgen nachhaltig geprägt.

In den folgenden Jahrhunderten existierte eine lebhafte Diskussion zu Prävention und Therapieansätzen. Seit Mitte des 20. Jahrhunderts lässt sich Syphilis mit Penicillin behandeln; dennoch ist die Infektion bis heute begleitet von einer Tabuisierung und Stigmatisierung von Krankheit und Erkrankten.

Verfassertext

M8 Das Christuskind bestraft die Menschheit mit Syphilis

Joseph Grünpeck: Das Jesuskind bestraft die Menschheit mit Syphilis (Holzschnitt, Augsburg 1496)

Erläuterungen: Im Jahr 1496 veröffentlichte Grünpeck ein Flugblatt, das mit einem Holzschnitt bebildert ist. Die Darstellung zeigt Christus als Kind auf dem Schoß seiner Mutter, wie er sündige Menschen mit Syphilis bestraft. Der Holzschnitt spiegelt die weit verbreitete Auffassung, dass Krankheiten als göttliche Strafe für menschliches Fehlverhalten gesandt wurden. Die Darstellung eines göttlichen Strafgerichts erscheint in der Folge häufig in zeitgenössischen Bildern und Schriften, die sich mit der Krankheit beschäftigen.

1. Recherchiere, wie es zur Verbreitung der Syphilis in der Gesellschaft kam.
2. Notiere die unterschiedlichen Namen für die Syphilis und erläutere die Bedeutung der Namen für die Krankheit.

M9 Brandbrief an Kaiser Maximilian I. (1496)

Joseph Grünpeck (1473 – ca. 1532) beschrieb in einem Brandbrief in drastischen Worten das Erscheinungsbild der mit der Syphilis infizierten Soldaten:

Die einen waren vom Scheitel bis zu den Knien mit einer zusammenhängenden, fürchterlichen schwarzen Art von Krätze überzogen, und dadurch so abschreckend, dass sie, von allem Kameraden verlassen, sich in der Einsamkeit den Tod wünschten; die anderen hatten diese Krätze an einzelnen Stellen, aber härter als Baumrinde, am Vorder- und Hinterkopfe, an der Stirne, dem Halse, der Brust, dem Gesäße und zerrissen sich dieselben vor heftigem Schmerze mit Nägeln. Die übrigen starrten an allen Körperteilen von einer solchen Menge von Warzen und Pusteln, dass ihre Zahl nicht zu bestimmen war.

Joseph Grünpeck: Tractatus de pestilentiali scorra sive mala de Franzos, 1496: Die erste Ausgabe von Joseph Grünpeck, Tractatus de pestilentiali Scorra (1496), The Historical Medical Library, The College of Physicians of Philadelphia).

Erläuterungen: Das in Latein und Deutsch veröffentlichte Traktat zu den schweren Auswirkungen der Erkrankung erscheint deshalb besonders eindrücklich, weil es zu den ersten schriftlichen Dokumentationen der Syphilis gehört und weil Grünpeck selbst Arzt war. Grünpecks Brandbrief war ziemlich erfolgreich, zum einen für seine persönliche Stellung: Er wurde bald zum Sekretär Kaiser Maximilians I. ernannt, zum anderen für die öffentliche Wahrnehmung der Syphilis. Sowohl seine deutschen als auch seine lateinischen Texte wurden mehrfach gedruckt und noch Jahre später erscheinen Kopien in unterschiedlichen Druckorten im Reich.

M10 Kupferstich „Darstellung eines Syphilitikers auf einem Flugblatt" (Nürnberg 1496)

Erläuterungen: Dieser Kupferstich wird Albrecht Dürer (1471–1528) zugeschrieben. Es ist möglich, dass es sich um ein frühes Werk Dürers handelt, ebenso wahrscheinlich aber auch um ein Werk seines Meisters Michael Wolgemut (1434–1519). Die Gravur illustrierte ein Flugblatt, das 1496 in Nürnberg veröffentlicht wurde. Das auf dem Kupferstich genannte Jahr 1484 bezieht sich auf eine Planetenkonjunktion, nicht auf das Datum des Drucks. Das Auftreten des Sternzeichens Skorpion deutet darauf hin, dass Dietrich Ulsen (ca. 1460–1508), seinerzeit Stadtarzt in Nürnberg und Autor des Lehrgedichts auf dem Flugblatt, die Krankheit als das Produkt einer ungünstigen planetarischen Konstellation betrachtete. Damals nannte man die Krankheit nicht Syphilis, sondern „französische" oder „neapolitanische" Krankheit. Die beiden Wappen auf der linken und rechten Seite gehören zur Stadt Nürnberg.

1. Informiere dich über gesellschaftliche Reaktionen gegenüber der Syphilis im 16. Jahrhundert.
2. Vergleiche die Reaktionen mit denen gegenüber dem Aufkommen von AIDS im 20. Jahrhundert.
3. Gestalte ein Informations-Flugblatt mit holzschnittartiger Zeichnung zur Syphilis für die Bevölkerung um 1500.

M11 Zur Information

Die Cholera ist eine bakterielle Infektionskrankheit vorwiegend des Dünndarms. Die Infektion erfolgt meist über verunreinigtes Wasser oder Nahrung. Der Tod tritt bei dieser Seuche sehr rasch und bei vollem Bewusstsein ein. Der Begriff der auch Gallenbrechdurchfall genannten Erkrankung geht auf „chole", griechisch für Galle, zurück.

Die Forschung geht von sechs Cholera-Pandemien aus; die erste Pandemie trat um 1820 auf und betraf ab 1830 auch Mitteleuropa. Der Ausbruch von 1892 gilt als eine der letzten schweren Choleraepidemien in Mitteleuropa.

Lange war der Gesellschaft unklar, wie man der Seuche begegnen sollte. Bis zur Mitte des 19. Jahrhunderts war kaum Wissen zu Prävention oder Therapie der Cholera vorhanden, die Bevölkerung sah sich mit einer unberechenbaren tödlichen Gefahr konfrontiert. In zahlreichen Schriften spekulierte die Wissenschaft zu Ursachen und Therapie der Krankheit. Medizin und Bevölkerung wandten Maßnahmen an, die gegen die Pest wirksam gewesen waren. Mit unterschiedlichen Mitteln versuchte man, die Verbreitung der Erkrankung abzuwehren: durch Reinigung von Geldscheinen, Räucherung von Briefen oder Quarantäne.

Die Erkrankung hatte gravierende soziokulturelle Folgen. Insbesondere überfüllte Wohnviertel mit unzureichenden hygienischen Verhältnissen waren besonders stark betroffen. Neben mangelhafter Qualität des Trinkwassers spielte auch die unzureichende Versorgung der Bevölkerung mit Lebensmitteln eine Rolle. Für die Verbreitung der Cholera sorgten nicht zuletzt Armeeeinsätze in den Kriegen des 19. Jahrhunderts, schnellere Transportwege (Einführung des Eisenbahnwesens) wie auch immer größer werdende Veranstaltungen (Gewerbe- und Industrieausstellungen).

Die Statistiken bestätigten, dass die Seuche die soziale Ungleichheit deutlich machte. Ein Großteil der Opfer waren in erster Linie die Schwächsten der Gesellschaft (Frauen und Kinder, Armenschicht); während manche Straßenzüge verschont blieben, waren die Einwohner anderer Quartiere ausnahmslos betroffen. Eine Folge dieser Unsicherheit waren soziale Vorurteile: Die bessergestellte Bevölkerung mied Angehörige der ärmeren Schicht, die als Überbringer der „neuen Pest" galten; die vor allem betroffenen ärmeren Schichten unterstellten den Reicheren ihre „Vergiftung", um sich mittels des „blauen Todes" ihrer zu entledigen (Osterhammel 2010). Verschwörungstheorien machten sich breit und waren Nährboden sozialer Unruhen (bspw. in Stettin 1832).

Epidemiologie und Bakteriologie trugen dazu bei, die Ursachen zu erforschen und geeignete Maßnahmen zu empfehlen. Als ab den 1850er Jahren bekannt war, dass sich die Seuche über infiziertes Trinkwasser verbreitete, wurden umfangreiche städtebauliche Maßnahmen auch gegen den Widerstand der Eigentümer umgesetzt (Stadtreinigung, Müllabfuhr, Kanalisation, Wasseraufbereitung, Sanierung von Stadtteilen). Die Statistik bewies die Effektivität der Maßnahmen. Die Gesellschaft hatte gelernt, dass Hygiene kein Luxus, sondern für das öffentliche Leben notwendig ist.

Verfassertext

M12 Zeichnung „Gespenst Cholera zertrampelt die Sieger und Besiegten"

Robert Seymour: Tramples the victors & the vanquished both", 1831

Erläuterungen: Die Karikatur von Robert Seymour (1798–1836) zeigt die Cholera als ein großes, verhülltes Gespenst mit skelettierten Händen und Füßen, das wahllos Soldaten auf beiden Seiten des Schlachtfelds zerquetscht. Vor 1830 waren Choleraepidemien in Europa unbekannt. Sie wurde zu eine der am meisten gefürchteten Krankheiten des 19. Jahrhunderts.

1. Interpretiere die Karikatur M12.

M13 Straßenkarte während des Cholera-Ausbruchs in London

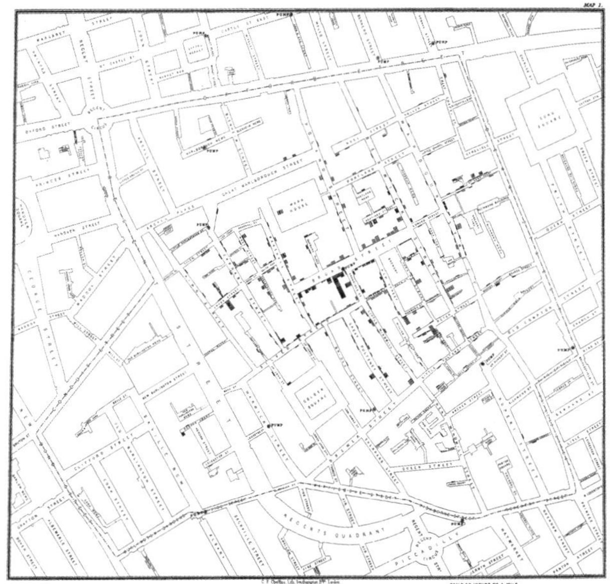

Karte aus: John Snow: On the mode of communication of cholera, London 1855

Erläuterungen: Straßenkarte zum Cholera-Ausbruch im Londoner Stadtteil Soho im Jahr 1854, erstellt von John Snow (1813–1858). Die seinerzeit anerkannte medizinische Auffassung war, dass sich Krankheiten über „schlechte Luft“, sog. Miasmen, verbreiten würden, die Erkenntnis von Bakterien, Pilzen oder Viren als Ursachen setzte sich erst später durch.

Snow näherte sich der Frage über die Kartografie, indem er für jeden Erkrankungsfall die entsprechende Adresse mit einem Strich markierte. Die Karte ließ ein klares Muster erkennen und zeigt Häufungen von Cholerafällen, die sich um eine öffentliche Wasserpumpe in der Londoner Broad Street häufen. Snows Karte überzeugte die Obrigkeit. Mit der Demontage des Pumpenschwengels gingen die Fallzahlen in Soho umgehend zurück. Der Grund für die Kontamination des Wassers lag übrigens darin, dass die Pumpe mit Abwasser vermischtes Themse-Wasser förderte. Snow gilt wegen seiner Untersuchungen zu Epidemien heute als Pionier der Kartografie von Krankheiten. Damit war er wegweisend für die sich gerade entwickelnde Epidemiologie.

M14 „Choleraepidemie in Folge des Mainfeldzugs“, Artikel aus der Karlsruher Zeitung vom 26.9.1866

Karlsruhe, 26. Sept. (1866). Den vereinzelten Nachrichten gegenüber, welchen wir über die Cholera begegnen, geben wir gern eine Mittheilung aus den gesammelten Thatsachen über deren weitern Verlauf im Großherzogthum. So hart auch einzelne Gegenden betroffen sind, so können wir doch einerseits eine entschiedene Abnahme und auf der andern eine bis jetzt ziemlich örtliche Begrenzung bemerken.

In den Gegenden, welche die Krankheit in Folge des Krieges zuerst ergriff, mildert sich sowohl ihre Heftigkeit wie ihr Umfang. In den Orten auf der Höhe des rechten Tauberufers, in dem sog. Gau, scheint sie sich zu erschöpfen. Schönfeld hatte nach 52 Todesfällen nun seit dem 15. Sept. nur noch einen; die später ergriffenen, Gerchsheim und Ilmspan, seuchen in geringer Heftigkeit noch fort, jenes zählt 26 Todte, dieses 7. Grünsfeld erholt sich ebenfalls und Gerlachsheim war nie stark befallen. Auch in dem heftig heimgesuchten Dittigheim, zunächst Tauberbischofsheim, wo man 190 Erkrankungen und 70 Todesfälle zählte, hat es ausgetobt, da seit 9.d.M. kein Zugang mehr erfolgte. Auch Wertheim, das ohnehin nicht allgemein infizirt war und nur 26 Todesfälle hatte, wird mehr und mehr frei. Freudenberg hat kaum noch neuen Zugang (21 Todte auf 38 Kranke), von Külsheim werden 8 Todesfälle gemeldet.

Am heftigsten leidet noch Walldürn, wo die letzte Zählung 530 Kranke und 80 Sterbfälle verzeichnete. Außer einer frühern ärztlichen Aushilfe, welche Schönfeld erhielt, sind hieher 2 Aerzte zur Unterstützung ihrer Kollegen und 2 Apotheker gesendet worden, während 5 barmherzige Schwestern dahin eilten, und in Wertheim, Freudenberg und Külsheim 4 Wärtherinnen des badischen Frauenvereins thätig sind.

Neuere Vorkommnisse in Rastatt, Weinheim, Hördten bei Gernsbach, wenn auch begründet, können doch bei ihrer Vereinzelung noch keine ernstliche Besorgniss erregen.

1. In Wohngebieten an Häfen oder Flüssen traten auffällig häufig Cholerafälle auf. Besonders in Armutsvierteln gab es eine hohe Zahl an Choleraerkrankungen. Erläutere mögliche Erklärungen.
2. Erkläre die Folgen der Cholera für Menschen in Armutsvierteln.
3. Recherchiert zur Ausbreitung der Cholera im deutschsprachigen Raum und erstellt gemeinsam eine Reportage im Nachrichtenstil.
4. Fasse den Zeitungsartikel M14 in Bezug auf Aussagen zu Ursachen, Folgen und eindämmenden Maßnahmen gegen die Cholera zusammen.
5. Liste in einer Tabelle die staatlichen und städtischen Maßnahmen gegen die Cholera auf.
6. Ergänze die Liste mit Informationen aus den anderen Quellen.

M15 Porträt eines Cholera-Präservativ-Mannes

Moritz G. Saphir: Porträt eines Cholera-Präservativ-Mannes, Radierung, Nürnberg um 1832 (Wellcome Collection)

Bildunterschrift: Ein Mensch, mit allen Präservativen versehen, muss folgendermassen einhergehen. Um den Leib erst eine Haut von Gummi Elasticum, darüber ein grosses Pechpflaster; über diesem eine Binde von 6 Ellen Flanell. Auf der Herzgrube einen kupfernen Teller. Auf der Brust einen grossen Sack mit warmen Sand. Um den Hals eine doppelte Binde, gefüllt mit Wachholderbeeren und Pfefferkörnern; in den Ohren zwei Stück Baumwolle mit Kamper; an der Nase hat er eine Riechflasche von Vinaigre des quatre voleurs hängen, und vor dem Munde einen Kalmuszweig. Über den Binden ein Hemd in Chlorkalk, darüber eine baumwollene Jacke, darüber einen heissen Ziegel, und endlich eine Weste mit Chlorkalk; flanellene Unterbeinkleider, Zwirnstrümpfe in Essig gekocht, und Schafwollstrümpfe darüber mit Kampher eingerieben. Sodan zwei Kupferflaschen Sohlen mit heissem Wasser gefüllt und Oberschuh darüber. Hinter den Waden hat er zwei Wasserkrüge hängen. Sodann einen grossen Uberrock aus Schafwolle mit Chlor, und über dem ganzen Anzug einen Mantel aus Wachsleinwand und einen dito Hut. In der rechten Tasche trägt er ein Pfund Melissenthee und ein halbes Pfund Eberwurzel, in der linken Tasche ein Pfund Brechwurzel und ein halbes Pfund Salbey. In der Westentasche eine Flacon mit Kamillenöl, und in der Hofentasche eine Flasche Kamperäther. In dem Hut eine Terrine Gratensuppe, in der rechten Hand einen ganzen Wachholderstrauch, und in der linken Hand eine Akazienbaum, hinter sich an den Leib gegürtet schleppt er einen Karren nach sich, auf welchem sich 15 Ellen Flanell, eine Dampfbackmaschine, ein Sechtschaft, 10 Frottirbürsten, 18 Ziegel, zwei Pelze und ein Bequemlichkeitstuhl befinden. Über dem Gesicht muss er noch eine Larve aus Krausenmünzenteich haben, und im Munde ein Viertelpfund Kalmus. So ausgerüstet und so versehen, ist man sicher, die Cholera – am Ersten zu bekommen.

Erläuterungen: Die Radierung „Porträt eines Cholera-Präservativ-Mannes" um 1832 von Moritz G. Saphir (1795–1858) stellt einen Mann dar, der auf absurde Weise auf die Choleraepidemie vorbereitet ist. Diese Karikatur stellvertretend für die Überfülle an fragwürdigen Mitteln und Schutzmaßnahmen gegen die Cholera jener Zeit. Saphir war auch Autor des Textes. Der Druck könnte ursprünglich für Saphirs humoristische Zeitschrift „Der deutsche Horizont" gestochen worden sein. Es gibt auch Belege dafür, dass die Karikatur ursprünglich französisch war und 1832 in Dijon veröffentlicht wurde.

1. Interpretiere die Karikatur.
2. Beurteile die Wirksamkeit der angezeigten Mittel aus der damaligen Zeit heraus.

Weitere Aufgaben

1. Erläutere angeordnete Maßnahmen und Reaktionen der Bevölkerung während der Ausbrüche der Cholera wie auch von Covid-19.

M16 Zur Information

Als Pocken, historisch auch Blattern, wird eine virale Infektionskrankheit beschrieben, die aufgrund ihrer hohen Ansteckung und Tödlichkeit zu den lebensbedrohlichsten Erkrankungen zählt. Die Infektion kann durch Tröpfchen- oder Schmierinfektion übertragen werden. Namensgebend sind die charakteristischen Hautbläschen, auch Pocke oder Blatter genannt.

Bereits seit der Antike beschrieben, waren die Pocken im 18. Jahrhundert eine weitverbreitete und auch gefürchtete Erkrankung. Der deutschsprachige Raum war in jener Zeit von den Koalitionskriegen (1792–1797, 1799–1802) betroffen. Über die Truppenbewegungen verbreiteten sich auch Krankheiten wie die Pocken.

In Europa galten die Pocken lange als Kinderkrankheit, an der bis Ende des 18. Jahrhunderts etwa jedes zehnte Kleinkind starb. Ab dem 18. Jahrhundert nahmen die Pockenfälle in Verbreitung und Tödlichkeit zu. Etwa 30 % der Erkrankten starben, etwa ein Drittel der Überlebenden erblindete, häufig waren sie durch verbleibende Narben entstellt.

Früh wurde erkannt, dass eine einmalige Erkrankung vor weiteren Ansteckungen schützte, so gelten die Pocken als erste Erkrankung, bei der man versuchte, Individuen durch beabsichtigte Ansteckung zu immunisieren. Während im Nahen Osten und in Asien bereits seit dem Mittelalter Impfpraktiken bekannt waren, wurde in Europa im ausgehenden 18. Jahrhundert zu Pockenschutzimpfungen experimentiert. Die Beobachtung, dass eine Kuhpocken-Erkrankung beim Mensch nur leichte Verläufe auslöste und gleichzeitig einen Schutz gegen Menschenpocken ermöglichte, führte zu Impfversuchen. Der Bericht des englischen Landarztes Edward Jenner über einen erfolgreichen Versuch im Mai 1796 ließ die Technik der künstlichen Immunisierung durch „Vaccination" (lat. vacca „Kuh") rasch bekannt werden und initiierte in Europa eine intensive, polarisierende Debatte um Nutzen und Folgen der Impfung. Mit der Einführung der allgemeinen gesetzlichen Pflicht zur Pockenschutzimpfung (Königreich Bayern im August 1807) ging die Sterblichkeit aufgrund von Pocken schlagartig zurück.

Während in den folgenden Jahrzehnten die Pockenepidemien schwächer ausfielen, nahm die Pockensterblichkeit ab Mitte des 19. Jahrhunderts wieder zu. Pandemische Verbreitung erfuhren die Pocken im Jahr 1871 mit dem deutsch-französischen Krieg; den erneut einsetzenden Epidemien fielen etwa 181.000 Personen zum Opfer. Mit der Durchführung von Auffrischimpfungen und der Einführung des Reichsimpfgesetzes 1874 gelang es, die Krankheit einzudämmen.

Während der 1950er und 1960er Jahre gab es mehrere Pockenausbrüche in Europa, so 1950 in Glasgow, 1958 in Heidelberg, 1962 in der Eifel, 1963 in Breslau, 1967 in der Tschechoslowakei, 1970 im Sauerland, 1972 im Kosovo. Der letzte Erkrankungsfall in Deutschland erfolgte 1972. Schätzungsweise starben im 20. Jahrhundert weltweit etwa 400 Millionen Menschen an den Pocken. Ab 1967 wurde durch Beschluss der Weltgesundheitsorganisation WHO die Pockenschutzimpfung weltweit verpflichtend. Im Mai 1980 erklärte die WHO, dass die Pocken nun als ausgerottet gelten.

Verfassertext

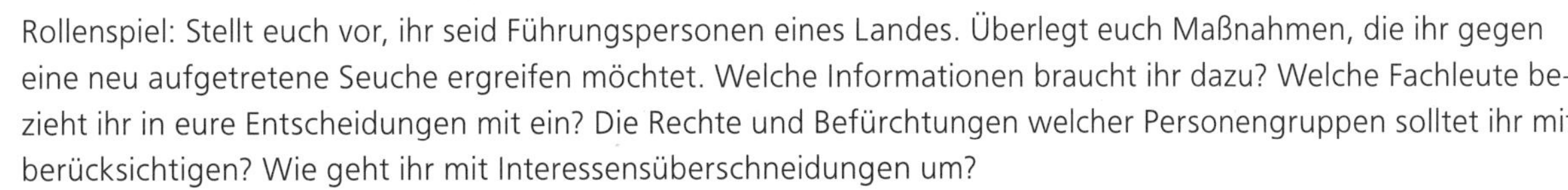

1. Rollenspiel: Stellt euch vor, ihr seid Führungspersonen eines Landes. Überlegt euch Maßnahmen, die ihr gegen eine neu aufgetretene Seuche ergreifen möchtet. Welche Informationen braucht ihr dazu? Welche Fachleute bezieht ihr in eure Entscheidungen mit ein? Die Rechte und Befürchtungen welcher Personengruppen solltet ihr mit berücksichtigen? Wie geht ihr mit Interessensüberschneidungen um?

M17 Karikatur zu Impfgegnern

James Gillray: The Cow Pock or the Wonderful Effects of the New Inoculation, 1802 (Library of Congress, Prints & Photographs Division, LC-USZC4-3147)

Erläuterungen: In seiner Radierung „Die Kuhpocken oder der wunderbare Effekt der Neuen Inokulation [frühe Impfmethode]" karikiert der britische Satiriker James Gillray (1757–1815) eine Szene im Pocken- und Impfkrankenhaus von St. Pancras, in der verängstigten jungen Frauen Kuhpockenimpfstoff verabreicht wird und Kühe aus verschiedenen Körperteilen von Menschen hervortreten. Die Karikatur wurde durch die Kontroverse über die Impfung gegen die gefürchtete Krankheit Pocken inspiriert. Impfgegner hatten Fälle dargestellt, in denen Geimpfte angeblich Rindermerkmale entwickelten, was von Gillray aufgegriffen und übertrieben wurde. Es wird vermutet, dass die zentrale Figur den britischen Mediziner George Pearson (1751–1828) darstellt. Gillray fügte oft Hinweise ein, um Personen zu identifizieren, die nicht leicht zu erkennen waren, aber der einzige Hinweis hier ist das Abzeichen am Arm des Jungen, das seine Verbindung zum Woodville-Krankenhaus verrät. Der Junge hält einen Behälter mit der Aufschrift „VACCINE POCK hot from y COW" und die Papiere in der Tasche des Jungen sind mit „Benefits of the Vaccine" beschriftet. Die Wanne auf dem Schreibtisch ist mit „OPENING MIXTURE" beschriftet. Eine Flasche neben dem Becher ist mit „VOMIT" beschriftet. Das Gemälde an der Wand zeigt die Anbeter des Goldenen Kalbs.

M18 Bekanntmachung Öffentliche Schutzpocken-Impfung (Dillingen, 1877)

Einladung zur kostenfreien Erstimpfung einjähriger Kinder sowie zur Wiederimpfung Jugendlicher, einer langfristigen Maßnahme in Dillingen. Durchgeführt und kontrolliert wurden die öffentlichen Impfungen im Großen Saal des Rathauses von Bezirksarzt Dr. Fleischmann. Die Bekanntmachung erfolgte über das Dillinger Anzeigenblatt – auch auf das Strafmaß bei Verweigerung wurde hingewiesen.

Am Mittwoch den 16. Mai (1877) Nachmittags 2 Uhr wird im großen Saale des alten Rathhauses die öffentliche Impfung aller im Jahre 1876 geborenen ... impfpflichtigen Kinder, dann am gleichen Tage Nachmittags 4 Uhr die Wiederimfpung der im Jahre 1865 geborenen, ... zur Wiederimpfung verpflichteten Zöglinge und Schüler der kgl. Studienanstalten, der gewerblichen Fortbildungsschulen, der höheren Töchterschule, der Taubstummenanstalt und der Knaben- und Mädchenschulen ... vorgenommen. Dies wird ... bekannt gegeben, daß Eltern, ... welche ihre ... Pflegebefohlenen nicht rechtzeitig zur Impfung und Controle stellen, ... mit einer Strafe bis zu 50 Mk. oder mit Haft bis zu 3 Tagen beahndet werden. Dillingen, den 8. Mai 1877. Stadtmagistrat, Feldbauer, rechtsk. Bürgermeister.

StAD Dillinger Tag und Anzeigeblatt 1877: 4

1. Interpretiere die Karikatur M17.
2. Erkläre, wie die öffentliche Schutzpockenimpfung im ausgehenden 19. Jahrhundert organisiert wurde.
3. Vergleiche mit der Situation der Impfkampagne gegen Covid-19 im Jahr 2021.
4. Erläutert, warum Impfskeptikern mit Geld- oder Haftstrafen begegnet wurde.
5. Beurteilt, ob Ihr diese Strafen für angemessen haltet.

M19 Zur Information

Die Tuberkulose ist eine bakterielle Infektionskrankheit, die vorwiegend Atmungsorgane, Nervensystem wie auch andere Organe befällt. Die Infektion erfolgt in der Regel durch Tröpfcheninfektion, kann aber auch über nicht-pasteurisierte Rohmilch erfolgen. Die Bezeichnung der früher auch „Schwindsucht" oder „Weißer Tod" genannten Erkrankung geht auf „tuberculum", lateinisch für kleine Geschwulst, zurück. Der Nachweis des Tuberkulose-Erregers durch Robert Koch im Jahr 1882 gilt als Meilenstein der Medizingeschichte.

Belege für das Auftreten der Tuberkulose finden sich bereits für die Frühgeschichte und die Antike; bis zum Mittelalter spielte die Erkrankung in Europa aufgrund der geringen Besiedlung eine geringere Rolle. Nach einer Epidemie in Italien im späten 15. Jahrhundert begann im 17. Jahrhundert eine Tuberkulosewelle, die ihren Höhepunkt im 18. Jahrhundert erreichte.

Im 19. und frühen 20. Jahrhundert galt die Tuberkulose als *die* Krankheit der urbanen Armen, da sie auffällig oft in den Elendsvierteln der Städte grassierte. Die Wissenschaft diskutierte lang über die Ursache der Erkrankung; mit der Entdeckung des Erregers im Jahr 1882 begannen öffentliche Informationskampagnen zur Ansteckungsprävention, insbesondere gegen das Ausspucken auf öffentlichen Plätzen. Außerhalb der Städte wurden Sanatorien errichtet. Die Tuberkulose wird zu den klassischen Armutskrankheiten gezählt. Kaum eine andere Erkrankung steht in offensichtlicherem Zusammenhang mit Armut und elenden Lebens- und Arbeitsbedingungen. Dies wird nicht zuletzt beim Blick auf die Geschichte des 19. und frühen 20. Jahrhunderts erkennbar.

Im Zuge großer Kriege stieg die Erkrankungsrate temporär an und erreichte kurz nach Ende des Zweiten Weltkriegs (1947) ihren Höhepunkt. Seit den 1950er Jahren lässt sich die Tuberkulose mit Antibiotika behandeln, mit dem Auftreten resistenter Stämme in den 1980er Jahren schwindet die Hoffnung, die Krankheit vollständig auszumerzen. Weltweit sterben jährlich rund 1,5 Millionen Menschen an der Tuberkulose, der WHO zufolge führt sie die Statistik tödlicher Infektionskrankheiten an.

Ein Klassiker der Weltliteratur, der sich mit der Tuberkulose auseinandersetzt, ist Thomas Manns „Zauberberg", der 1924 veröffentlicht wurde.

Thomas Manns Frau verbrachte 1912 mehrere Monate in einem Lungensanatorium in Davos. Der Erste Weltkrieg raubte dem Autor jegliche Illusionen des Fortschritts. Im Roman wird die Tuberkulose als Symbol für diesen Verfall dargestellt.

Die Hauptfigur, der Ingenieur Hans Castorp, besucht ein Sanatorium und ist gleichermaßen von der Faszination dieser mystischen, traumverlorenen Welt und der russischen Madame Chauchat beeinflusst. Zwischen Castorp, Chauchat und ihrem holländischen Partner Pieter Peeperkorn entstehen komplexe Beziehungen, die erst enden, als der Holländer Selbstmord begeht, die Russin abreist und Hans Castorp kurz darauf im Weltkrieg vermisst wird. Obwohl die Tuberkulose auch hier als Krankheit der Leidenschaft und Liebe dargestellt wird, wirkt die Darstellung nicht mehr verklärt, sondern gebrochen. Der Roman handelt von einem Leben, das als Lähmung und „Krankheit zum Tode" erscheint.

Thomas Mann übt in seinem Roman Kritik an bürgerlichen Lebens- und Denkformen der Jahrhundertwende und wählt als Symbol für den gesellschaftlichen Niedergang die Tuberkulose.

Verfassertext

 Tauscht euch darüber aus, welche Darstellungen von Krankheiten aus Literatur, Kunst und Film ihr kennt. Welche Absichten und Motive lassen sich in den verglichenen Werken erkennen?

M20 Plakat: Aufklärung Tuberkulose

Informationsplakat zur Bekämpfung der Tuberkulose (im Auftrag des Deutschen Zentralkomitees zur Bekämpfung der Tuberkulose, Berlin W 9), 1925 (Landeskirchliches Archiv der Evangelisch-Lutherischen Kirche in Bayern, LKR 0.2.0003–78, Urheber unbekannt)

M21 Tuberkulose-Inzidenz (pro 100.000 Personen) im Jahr 2016

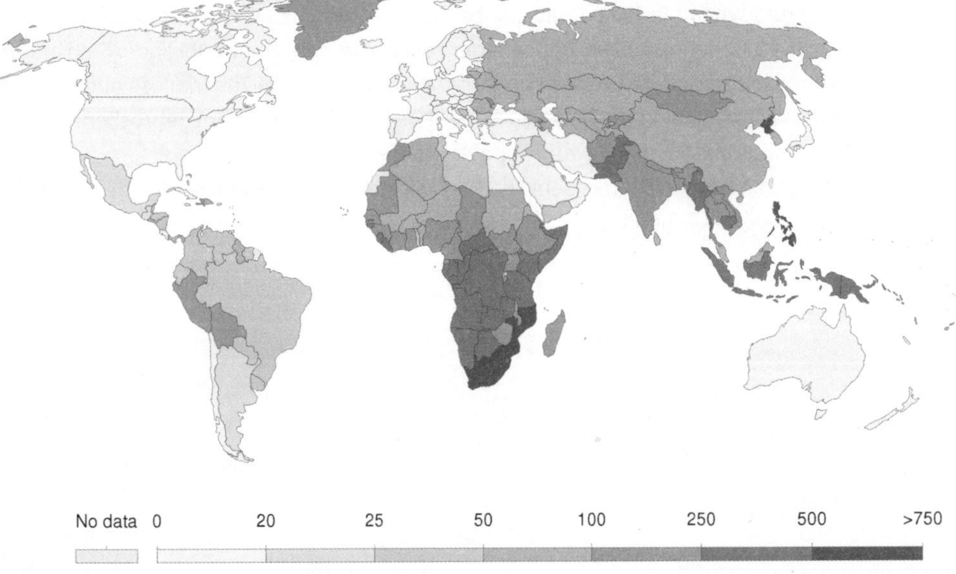

Our World in Data (CC BY 3.0)

Erläuterungen: Die Tuberkulose-Inzidenz ist die geschätzte Zahl der in einem bestimmten Jahr auftretenden neuen Tuberkulosefälle und Rückfälle, ausgedrückt als Rate pro 100.000 Einwohner.

1. Recherchiere Übertragungswege der Tuberkulose.
2. Fasse die auf dem Plakat empfohlenen vorbeugenden Maßnahmen gegen eine Infektion mit Tbc zusammen.
3. Recherchiere weitere Präventions-Empfehlungen.
4. Interpretiere die globale Verbreitung der Tuberkulose und überlege, welche Gründe und mögliche Gegenmaßnahmen es geben könnte.

M22 Erfolge der Tuberkulosebekämpfung in der DDR

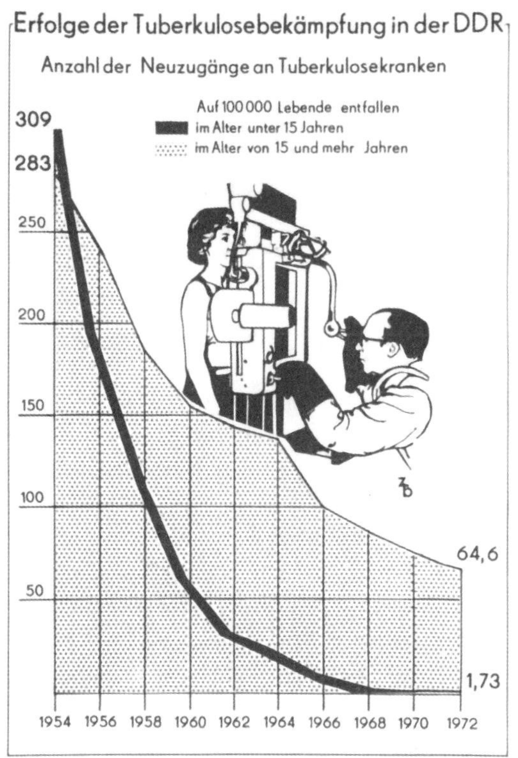

Plakat „Erfolge der Tuberkulosebekämpfung in der DDR", 1973 (Bundesarchiv Bild 183-M0926-0009, CC BY-SA 3.0)

Erläuterungen: Obenstehendes Plakat zeigt die „Erfolge der Tuberkulosebekämpfung in der DDR. Anzahl der Neuzugänge an Tuberkulosekranken (1954–1972)". Die Bekämpfung der Tuberkulose galt in der Deutschen Demokratischen Republik früh als eine der Hauptaufgaben des Gesundheitswesens. Das Plakat macht deutlich, dass über 20 Jahre Maßnahmen gegen die Tuberkulose, die medizinisch-wissenschaftliche Forschungen und epidemiologische Erkenntnisse integrierten, dazu führten, dass die Neuansteckungen kontinuierlich zurückgegangen sind.

M23 Das kranke Kind

Edvard Munch: Das kranke Kind, 1927 (Ove Kvavik, CC BY-SA 4.0)

Erläuterungen: In dem Gemälde verarbeitete Munch (1863–1944) die Tbc-Erkrankung und den Tod seiner älteren Schwester Sophie (1862–1877). Wie mehrere andere seiner Hauptwerke schuf Munch das Motiv in späteren Schaffensperioden erneut. So entstanden bis 1927 insgesamt sechs Versionen sowie mehrere Skizzen, Lithografien und Radierungen.

Als Munch gerade fünf Jahre alt war, starb seine Mutter an Tuberkulose. 1877 starb Munchs 15-jährige Schwester Sophie ebenfalls an Tbc. Zwölf Jahre später starb Munchs Vater. Als Kind war Munch selbst schwächlich und oft krank; so sei seine Kinder- und Jugendzeit von einer beständigen Todesangst überschattet gewesen. Munch äußerte später, in dem Sessel, in dem das kranke Mädchen im Bild gebettet ist, hätten seine Familienmitglieder *„Winter um Winter gesessen und sich nach der Sonne gesehnt – bis der Tod sie holte..."*. Vor diesem Hintergrund lässt sich das Gemälde „Das kranke Kind" gleichzeitig als Verarbeitung des Todes der Schwester wie auch der eigenen Todesangst verstehen.

1. Fasse die auf dem Plakat M22 dargestellten Zahlen zu Neuinfektionen mit Tbc zusammen.
2. Erläutert die Darstellungsabsichten (informativ, politisch, appellativ).
3. Interpretiere das Gemälde M23.
4. Recherchiert gemeinsam die individuellen und sozialen Folgen der Tuberkulose-Epidemie früher und heute.

M24 Zur Information

Die Influenza ist eine virale fieberhafte Infektionskrankheit unter Beteiligung der Atemwege, die meist epidemisch auftritt. Sie äußert sich mit plötzlich auftretenden heftigen Symptomen wie hohem Fieber, Kopf- und Gliederschmerzen. Da man im Mittelalter die Ursache dem Einfluss der Gestirne zuschrieb, wurde ab dem 14. Jahrhundert die Bezeichnung „influenza", italienisch „Einfluss", verwendet. Neben den Sternen standen auch giftige Dämpfe („Miasmen" genannt) im Verdacht, die Epidemien auszulösen. Zwischen 1892 und 1930 vermutete die Medizin, dass ein Bakterium für die Grippe verantwortlich sei. Für den Nachweis von Grippeviren sollte es bis zur Erfindung des Elektronenmikroskops im Jahr 1931 dauern.

Eine außergewöhnlich virulente Variante des Influenza-Virus verursachte eine Pandemie, die als „Spanische Grippe" erinnert wird. Diese grassierte zwischen Frühsommer 1918 und 1920 weltweit. Die Tödlichkeit von 5 bis 10 % lag deutlich höher als die anderer Influenza-Varianten. Es existieren keine genauen Statistiken zu den Todesopfern, Schätzungen zufolge kostete die „Spanische Grippe" zwischen 30 und 50 Millionen Menschen das Leben. In Deutschland starben mind. 400.000 Personen, europaweit fielen mehr Menschen der Grippe zum Opfer als dem Ersten Weltkrieg.

Der Krankheitsbegriff geht darauf zurück, dass Spanien aufgrund der sonst vorherrschenden Zensur das erste Land war, das über die Erkrankung berichtete, und die ersten Nachrichten bezogen sich auf den dort massenhaften Ausbruch.

In Deutschland betraf die Epidemie zunächst verschiedene Garnisonsstandorte und Militärstützpunkte (Vasold 2003), doch zunehmend war auch die zivile Bevölkerung betroffen.

Im Unterschied zu anderen Influenzavarianten starben an der „Spanischen Grippe" insbesondere junge Erwachsene (v.a. 20- bis 40-jährige). Die zweite Welle der Krankheit übertraf die erste in ihrer Heftigkeit. Es mehrten sich die Sterbefälle, in den Krankenhäusern herrschte Versorgungsnot, beinahe jeder Hausstand war betroffen. Die Mehrzahl der Opfer verstarb nicht direkt am Grippevirus, sondern an bakteriellen Sekundärinfektionen, gegen die immungeschwächte Personen kaum angehen konnten. Im Oktober und November 1918 hatte die Grippesterblichkeit ihren Höhepunkt erreicht. Eine dritte Welle folgte im Frühling 1919.

In Deutschland blieben Maßnahmen von staatlicher Seite aus. Die Lazarette des Ersten Weltkriegs füllten sich ab Oktober 1918 mit Grippe-Erkrankten.

In den Vereinigten Staaten wurde die Notwendigkeit von Maßnahmen diskutiert. Es gab Debatten zur Maskenpflicht und zur Streichung von Massenveranstaltungen. Zu den angeordneten Maßnahmen gehörten soziale Distanzierung wie Quarantäne, auch wurde in manchen Staaten der Mund-Nasen-Schutz zur Prävention angeordnet. Die heterogenen Regelungen spiegeln sich in den Statistiken zu Sterbefällen wider.

In Mitteleuropa waren die sozioökonomischen Auswirkungen der Pandemie drastisch. Nach den Angehörigen des Militärs war insbesondere der Dienstleistungssektor, in dem Menschen nah beieinander arbeiteten, stark betroffen. Da zu viele Angestellte gleichzeitig erkrankt waren, führte das massenhafte Auftreten zu weitreichenden Einschränkungen: Zunächst brach das Verkehrswesen zusammen, dann die Telefon- und Briefkommunikation, auch in der Wirtschaft und Verwaltung kam es zu massiven Störungen. In einigen Betrieben hatten sich mehr als drei Viertel der Angestellten mit der Grippe infiziert; vor allem im medizinischen Bereich waren die Auswirkungen spürbar. Im Oktober 1918 blieben für mehrere Wochen Bildungs- und Kultureinrichtungen geschlossen.

Die rasche Verbreitung der Grippe 1918 wie auch des Bewusstseins einer Pandemie lässt sich mit dem Globalisierungsschub um 1900 erklären. Durch die Verbindung über Zug und Schifffahrt waren Menschen über Kontinente enger verbunden. Die menschliche Mobilität erreichte einen bis dato nie existierenden Grad. Auch die Informationen verbreiteten sich rasch über Telegrafie und Nachrichtenagenturen, wodurch das gleichzeitige Auftreten der Grippe bekannt werden konnte.

Die Entschlüsselung des Erregers der „Spanischen Grippe" (1999) bestätigte die Grippevariante H1N1, die neben Menschen auch Schweine und Vögel befallen kann. Die Erkenntnis dieser Forschungen war, dass der Erreger zwischen Tier und Mensch hin- und herspringen kann und dass sich die genetische Erbinformation (Genom) von Erregern ständig wandelt.

Obwohl die Folgen der „Spanischen Grippe" seinerzeit weltweit so dramatisch ausfielen, verschwand deren Erscheinen und Folgen bis zur Debatte um Covid-19 weitgehend aus dem öffentlichen Gedächtnis.

Verfassertext

M25 Präventionsmaßnahmen in den USA

USA im Jahr 1918: Menschen stehen Schlange in der Montgomery Street in San Francisco, um Grippemasken zu erhalten, um die Ausbreitung der „Spanischen Grippe" zu verhindern

M26 Monster Influenza

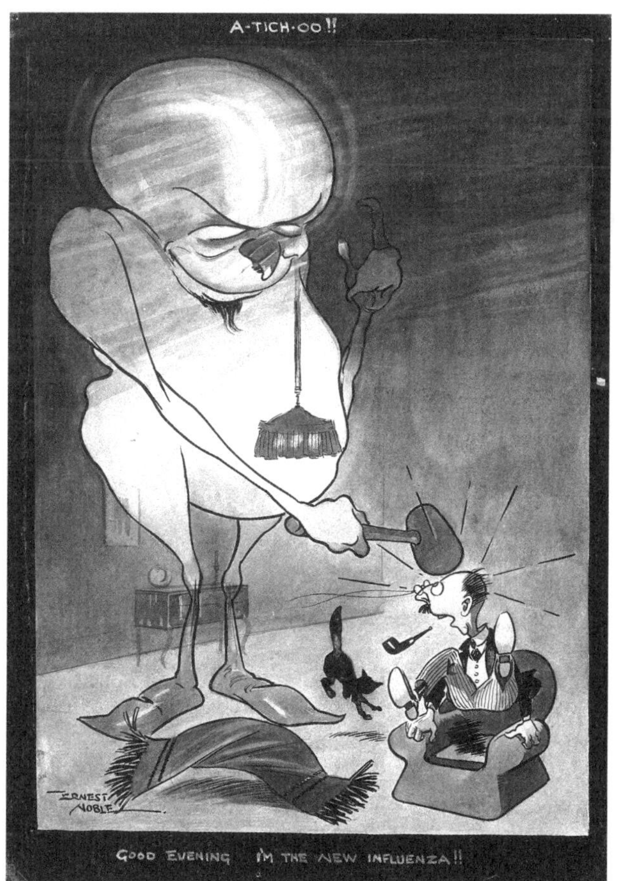

Feder- und Tuschezeichnung, Ernest Noble um 1918 (Wellcome Trust, CC BY 4.0)

Erläuterungen: Zu sehen ist ein Geist, der das Grippevirus verkörpert. Dieses schlägt einem Mann, der in seinem Sessel sitzt, mit einem Hammer auf den Kopf und ruft: *„Hatschi!! Guten Abend, ich bin die neue Grippe!!"* [*„A-Tich-OO!! Good Evening, I'm the New Influenza!!"*].

1. Liste auf, welche vorbeugenden Maßnahmen dir im Zusammenhang mit M25 einfallen.
2. Interpretiere die Karikatur M26. Beziehe dabei die gesellschaftspolitische Situation im Jahr 1918 mit ein.

M27 Sterblichkeit während der Influenza-Pandemie 1918–19 (1919)

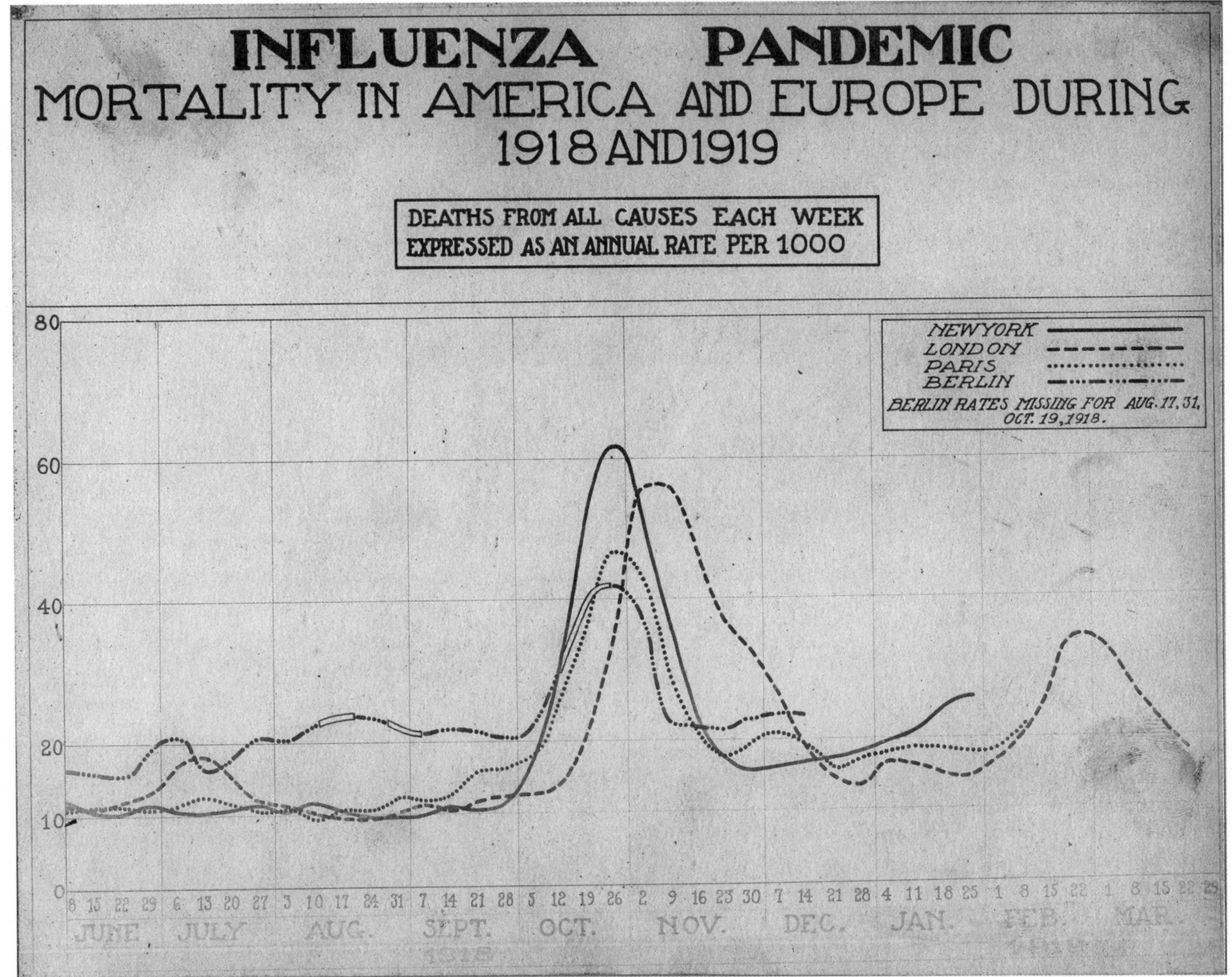

Grafische Darstellung von Grippewellen während der Influenza-Pandemie in den Jahren 1918 und 1919 zur Sterblichkeit in den USA und Europa. Abgebildet sind alle Todesfälle pro Woche. Verglichen werden die Städte New York, London, Paris und Berlin. Die Mortalitätsraten zeigen die Gleichzeitigkeit der Pandemie in den USA und Europa mit dem Kriegsende.

1. Fasse die in der Grafik M27 angezeigten Häufigkeiten zu den Todesfällen zusammen.
2. Erkläre die Darstellungsabsichten.
3. Überlegt miteinander, inwiefern sich aus den gemachten Erfahrungen mit der „Spanischen Grippe" Argumente für oder gegen beschränkende Maßnahmen in der Covid-19-Pandemie ableiten lassen.

Weitere Aufgaben

1. Es gibt Gemeinsamkeiten wie Unterschiede zwischen dem Ausbruch der „Spanischen Grippe" von 1918 und der Covid-19-Pandemie. Überlege, inwiefern sich Schlussfolgerungen von der früheren auf die spätere Situation ziehen lassen.
2. Erkläre, warum sich 1918 weder Politik noch Öffentlichkeit im damaligen Deutschen Reich mit der „Spanischen Grippe" auseinandergesetzt haben.
3. Schätze ein, welche ansteckungseindämmenden Maßnahmen welche Personengruppen (in 1919 bzw. 2020) besonders hart trafen.
4. Erörtert die Frage einer generellen Maskenpflicht. Nehmt dabei sowohl Pro- als auch Contra-Positionen ein. Zieht darauf basierend Euer Fazit und begründet dieses nachvollziehbar. Denkt dabei nicht nur an medizinische Argumente.

M28 Zur Information

AIDS, von englisch „acquired immune deficiency syndrome", also ein „erworbener Immundefekt", bezeichnet eine durch virale Infektion ausgelöste Zerstörung des Immunsystems. Sekundär können Infektionen immer schwerer abgewehrt werden. Es entsteht eine Negativspirale, mit der eine Kombination von Komorbiditäten (wie Tbc, Lungenentzündung, Tumore) einhergeht. Langfristig bricht das Immunsystem zusammen. Zwischen Ansteckung und Ausbruch der Erkrankung dauert es durchschnittlich acht Jahre. Das HIV beeinträchtigt das Immunsystem, wodurch der Körper anfällig für sog. opportunistische Infektionskrankheiten wird. Derzeitige Therapien können den Verlauf lediglich verlangsamen, eine Heilung ist nicht möglich. Die über Körperflüssigkeiten übertragbare Krankheit wurde im Dezember 1981 als eigenständige Krankheit anerkannt.

Die Forschung geht davon aus, dass mehrere voneinander unabhängige Übertragungen des SI-Virus von Affen auf den Menschen (HI-Virus bzw. HIV) bereits vor den 1920er Jahren erfolgt sind. Vermutlich trat das Virus bereits im 19. Jahrhundert in Zentralafrika auf. Die älteste Blutprobe, die HIV-Antikörper enthält, stammt von einem Mann im Kongo (1959), älteste Gewebeproben stammen aus dem Kongo, USA und Norwegen (1959, 1960, 1969, 1976).

Die AIDS-Pandemie begann zunächst unbemerkt; zunehmendes Bevölkerungswachstum, Entstehung von Ballungsräumen und zunehmende Mobilität führten zu einer massenhaften Zunahme an Infektionen in den frühen 1980er Jahren. Die erste Krankheitsbeschreibung erschien im Juni 1981 in einem Bulletin der US-Gesundheitsbehörde CDC. Bis dahin war lediglich bekannt, dass immungeschwächte Menschen an seltenen Infektionen erkranken würden, doch nicht, dass diese Immunschwäche erworben wurde.

In der Bundesrepublik wurde erstmals im Mai 1982 im Nachrichtenmagazin „Der Spiegel" über die Krankheit berichtet, die erste Diagnose erfolgte bei einem Mann in Frankfurt am Main. Der Begriff „Humanes Immunschwächevirus" (HIV) wurde 1986 etabliert.

Die öffentlichen Medien berichteten zum Teil in skandalisierendem Ton über die Erkrankung und charakterisierten sie als „Schwulenpest" oder „Homosexuellen-Seuche". Die Debatte um den Ansteckungsweg war begleitet von diskriminierenden Tönen aus Gesellschaft und Politik.[1] In der öffentlichen Wahrnehmung galt die Erkrankung als spezifisch für homosexuelle oder drogenabhängige Menschen. Berichte über den Zusammenhang mit Bluttransfusionen, die Ansteckung von Bluterkranken und die Übertragung auf deren Ehefrauen beeinflussten die öffentliche Berichterstattung. 1987 begegnete die Bundesregierung der Problematik mit einer groß angelegten Aufklärungskampagne unter dem Slogan „Gib AIDS keine Chance".

Während die Zahl der Neuerkrankungen sich ab 1984 jährlich verdoppelte, verlief die Ansteckungsrate ab 1987 weniger stark und lag bei 1993 bei etwa 2.000 Personen pro Jahr. Mit scheinbar verringertem Infektionsrisiko nahm das öffentliche Interesse ab.

Im Zusammenhang präventiver Maßnahmen wurden phasenweise rigide Isolierungsmaßnahmen diskutiert, diverse Lebensentwürfe wurden als Gefahr verstanden. Diese Debatte war geprägt von der Frage gesellschaftlicher Werte und sexueller Liberalisierung.[2] Zu erfolgreichen Strategien in der Eindämmung von AIDS zählt neben der Aufklärungskampagne die eigenverantwortliche freiwillige und anonyme Registrierung (Gostomzyk 2013).

Seit Beginn der Pandemie haben sich mehr als 60 Millionen Menschen mit HIV infiziert, etwa 36,3 Millionen sind an deren Folgen gestorben (BzgA 2022). Laut UN-AIDS gab es weltweit im Jahr 2021 1,5 Millionen Neuinfektionen mit HIV, in Deutschland liegt die Zahl der Neuinfektionen laut RKI bei 2.000 Personen. In Deutschland leben derzeit rund 91.400 Menschen mit HIV, etwa 30.000 Menschen sind bisher in Deutschland an den Folgen von AIDS gestorben. Seit den 1980er Jahren wird zu Impfmöglichkeiten geforscht, doch aufgrund der raschen Mutation des HIV bislang ohne Erfolg. Seit wenigen Jahren gibt es die Möglichkeit einer vorbeugenden Medikation („Prep", Prä-Expositions-Prophylaxe), die bei regelmäßiger Einnahme Infektionen verhindern kann.

Nach wie vor gehört AIDS global zu den häufigsten Todesursachen. Die Krankheit betrifft vor allem Menschen in Entwicklungsländern, dort finden beinahe 97 % der Neuansteckungen statt. Fehlender Zugang zu Kondomen, Armut, Migrationsbewegungen und damit einhergehende Prostitution und gelöste Familienstrukturen erschweren die Umsetzung von Prävention und Versorgung von Erkrankten. Die AIDS-Pandemie hält bis heute an und wirkt sich sozial wie ökonomisch massiv aus.

Verfassertext

[1] Quelle: https://magazin.spiegel.de/EpubDelivery/spiegel/pdf/13522444; Nr. 12/1987, S. 131 ff.
[2] Thießen 2015

M29 Plakat „Ungefährlich bleibt der Spaß"

Bundesarchiv Plak 007-019-001

Plakat der Bundeszentrale für gesundheitliche Aufklärung zur Verhütung von AIDS aus dem Jahr 1987 mit der Aufforderung zur Benutzung von Kondomen. Auf dem Plakat steht:

Ungefährlich bleibt der Spaß, trinken zwei aus einem Glas. Beim Küßchen, Anhusten, Händeschütteln, in einer Gaststätte, im Schwimmbad und in ähnlichen Situationen besteht keine Ansteckungsgefahr.

Gefährlich wird's und gar nicht heiter, geht der Spaß zu zweit viel weiter. In jedem Sexualkontakt mit unbekannten oder oft wechselnden Partnern steckt die Gefahr einer AIDS-Ansteckung. Schützen Sie sich, schützen Sie Ihren Partner. **Vertrauen ist gut, Kondome sind besser. An AIDS zu sterben ist entsetzlich – Kondome sind unersetzlich**. AIDS – Kondome schützen. Bei Risiko beraten und testen lassen – bei Ihrem Arzt, dem Gesundheitsamt und den Beratungsstellen. **Am Aschermittwoch ist alles vorbei. AIDS nicht!**

1. Interpretiere das Plakat M29.
2. Überlegt miteinander, ...
   ... welche Meinungen und Fehlurteile um HIV/AIDS euch aus eurem persönlichen Umfeld bekannt sind.
   ... wie Vor- und Fehlurteile im Zusammenhang mit Seuchen entstehen können.
   ... wie man deren Verbreitung vorbeugen bzw. entgegenwirken kann.
   ... welche Möglichkeiten Einzelnen offen stehen, um ihr direktes Umfeld in Sachen AIDS/HIV zu informieren und zu sensibilisieren.

M30 Zur Information

Coronaviren verursachen bei allen Wirbeltieren unterschiedliche Erkrankungen. Beim Menschen verursachen sieben Arten von Coronaviren respiratorische Infektionen von leichten bis hin zu schweren akuten Atemwegssyndromen. Coronaviren sind genetisch hochvariabel und können Artengrenzen überwinden.

Die erste Beschreibung menschlicher Coronaviren erfolgte 1966, die Bezeichnung geht zurück auf die Gestalt der Viren (lat. corona), die an eine Sonnenkorona erinnert.

Zu den bekannt gewordenen menschlichen Coronaviren gehören: SARS-CoV-1 (Severe Acute Resporatory Syndrome Corona Virus) als Auslöser der SARS-Pandemie (2002/03), MERS-CoV (Middle East Respiratory Syndrome Corona Virus) als Auslöser der MERS-Pandemie (ab 2012) und SARS-CoV-2 als Auslöser der Covid-19-Pandemie (ab 2019). Die stark angewachsene Mobilität begünstigte die rasche Verbreitung der Erkrankungen.

Durch SARS erkrankten Ende des Jahres 2002 ausgehend von Südostasien in 29 Ländern mehr als 8.000 Personen, von denen rund 800 starben. SARS äußert sich in grippeähnlichen Symptomen mit Kopfschmerz, starkem Fieber, Halsschmerz, Heiserkeit und Husten, letztere können sich zu schweren Atembeschwerden entwickeln.

Im Jahr 2012 löste MERS von der Arabischen Halbinsel ausgehend eine Pandemie aus. MERS äußert sich beim Menschen durch schwere respiratorische Infektionen, Lungenentzündungen und Nierenversagen. Der WHO zufolge erkrankten bis Ende Februar über 2.500 Personen, von denen rund 900 verstarben.

Ende des Jahres 2019 kam es von China ausgehend zum Ausbruch der Covid-19-Pandemie. Die Erkrankungsrate stieg rasch an. Drei Wellen hatten 2020 weltweit Lockdowns und Isolierungsmaßnahmen zur Folge. Auch Ende 2022 ist ein Ende der Covid-19-Pandemie aufgrund der Ausbreitung weiterer Virus-Varianten nicht absehbar. Bis Anfang September 2022 sind weltweit rund 603 Millionen Infektionen registriert worden. Die Ansteckung erfolgt durch Tröpfcheninfektion. Der Krankheitsverlauf ist unspezifisch und kann sehr variieren. Laut RKI ist bei 81 % der registrierten Erkrankungen ein leichter Verlauf mit respiratorischen Beschwerden, Gliederschmerzen und Fieber zu beobachten, bei etwa 14 % ist der Verlauf schwerer und in etwa 5 % so ernst, dass die Erkrankten einer Intensivbehandlung bedürfen. Bei schweren Verläufen kommt es zu Lungenentzündung bis -versagen sowie Leber-, Nerven- und Nierenschäden. Laut WHO sind bislang (09/2022) weltweit mehr als 6,4 Millionen Menschen an oder mit dem Covid-19-Virus gestorben, eine höhere Dunkelziffer wird vermutet.

M31 Statistik: Epidemien und Pandemien im 21. Jahrhundert

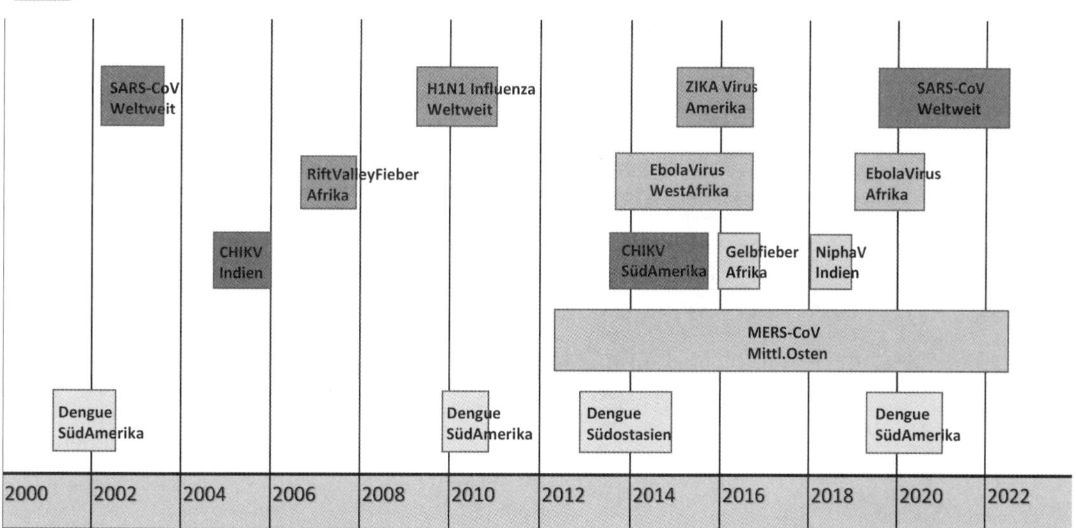

Epidemien und Pandemien im 21. Jahrhundert

Nach: Meganck, Rita M./Baric, Ralph S.: Developing therapeutic approaches for twenty-first-century emerging infectious viral diseases, in: Nature Medicine 27 (2021), S. 401–410.

Erläuterungen: Die Grafik „Die neuen Seuchen. Epidemien und Pandemien im 21. Jahrhundert" zeigt im Vergleich Auftreten und Häufigkeiten von Epidemien und Pandemien in den ersten beiden Jahrzehnten des 21. Jahrhunderts.

1. Fasse die in der Grafik M31 dargestellten Informationen zusammen.
2. Erläutere die wesentlichen Erkenntnisse.

M32 Wer hat Macht über Corona?

In einer frühen Phase der Pandemie erschien am 20.3.2020 folgender Pressebeitrag in der überregionalen Boulevard-Zeitung BILD:

Wer hat die Macht über Corona? Werden wir jetzt von RKI-Virologen regiert?

Das Robert Koch-Institut (RKI) ist derzeit die wichtigste Informationsquelle rund um das Corona-Virus. Medizinische Warnungen und Risikoabschätzungen sollen nur Ärzte, Virologen, Epidemiologen abgeben – und kluge Politiker setzen diese Ratschläge dann mit Augenmaß um. Da stellt sich die Frage: Wer regiert hier überhaupt?

Hans-Jörg Vehlewald: Wer hat die Macht über Corona?, in: BILD, 20.3.2020

M33 Starke soziale Unterschiede in Covid-19-Pandemie

Folgende Pressemeldung berichtet über eine Analyse von AOK Rheinland/Hamburg und Uniklinik Düsseldorf. Diese kommt zum Schluss, dass arbeitslose Menschen ein erhöhtes Risiko haben, aufgrund von Covid-19 stationär behandelt zu werden:

Starke soziale Unterschiede in COVID-19-Pandemie. Anhand der Daten von mehr als 1,3 Millionen Versicherten wurde ausgewertet, ob Menschen in Arbeitslosigkeit (ALG I und ALG II) oder Sozialhilfe häufiger aufgrund einer COVID-19 Erkrankung in einem Krankenhaus behandelt werden mussten als erwerbstätige Versicherte. Für den Untersuchungszeitraum 1. Januar bis 4. Juni 2020 war dies insbesondere bei Langzeitarbeitslosen der Fall, so die Ergebnisse der Analyse. Bezieher von Arbeitslosengeld II hatten ein um 84 % erhöhtes Risiko für einen COVID-19-bedingten Krankenhausaufenthalt. Arbeitslosengeld-I-Empfänger hatten noch ein um 17,5 % erhöhtes Risiko. Diese Ergebnisse gelten unabhängig vom Alter und Geschlecht der Versicherten … . Dass Armut und Gesundheit zusammenhängen, wissen wir seit langem. Wenn nun insbesondere Langzeitarbeitslose ein höheres Risiko haben, mit COVID-19 im Krankenhaus behandelt zu werden, könnte es daher daran liegen, dass sie oft gesundheitlich vorbelastet sind', so Prof. Nico Dragano vom Universitätsklinikum Düsseldorf. Die genauen Ursachen für die neuen Erkenntnisse müssten nun in weitergehenden Analysen geklärt werden. Die gemeinsame Untersuchung soll also der Auftakt für weiterführende Forschung zur sozialen Dimension der COVID-19-Pandemie sein. Sollten sich die Ergebnisse bestätigen, wäre dies ein weiterer Beleg für ausgeprägte soziale Unterschiede in verschiedenen Bereichen der Gesundheit in Deutschland. Soziale Unterschiede äußern sich beispielsweise in einer verkürzten Lebenserwartung von Menschen mit geringen Einkommen.

https://www.aok.de/pk/cl/rh/inhalt/covid-19-und-soziale-unterschiede-1/

M34 Karikatur „Lockerungen im Karneval"

Werner Huth: Februar 2022: das Volk hat nach 2 Jahren Corona genug davon und will sich wieder amüsieren. Die Volksvertreter auch.

1. Erläutere, welche Problematik der Presseauszug M32 anspricht.
2. Stelle dar, welche fachlichen Kompetenzen der Wissenschaft zum einen und der Politik zum anderen in der Bewältigung einer Seuche zugesprochen werden.
3. Fasse die wesentlichen Punkte der Pressemeldung M33 zusammen.
4. Interpretiere die Karikatur M34.
5. Beurteile die Ergebnisse und daraus resultierende Konsequenzen. Versuche dabei eine medizinische, gesellschaftliche und politische Perspektive einzunehmen.

M35 Graffiti am Wolfgang-Borchert-Theater im Hafen von Münster im Jahr 2020

Dietmar Rabich/Wikimedia Commons: Münster, Hafen, Wolfgang-Borchert-Theater, Graffiti – 2020 – 8119 (CC BY-SA 4.0)

1. Die beschränkenden Maßnahmen während der Covid-19-Pandemie hatten Auswirkungen in individuellen und gesellschaftlichen Bereichen. Tauscht euch darüber aus, welche Personengruppen davon jeweils in welcher Form berührt waren, und diskutiert, welche Interessenskonflikte dabei entstanden sind.

Weitere mögliche Aufgaben

1. Recherchiert die Ereignisse im Verlauf der Covid-19-Pandemie. Sprecht hierzu auch mit Menschen, die von der Pandemie bzw. den mit ihr einhergehenden Gegenmaßnahmen besonders hart betroffen waren. Präsentiert eure Ergebnisse.
2. Erarbeitet in verschiedenen Gruppen als Projektarbeit die Unterrichtsinhalte (z.B. Gruppe 1: Pest) mit den Arbeitsaufträgen und präsentiert dann eure Ergebnisse. Im Anschluss werden in einem großen Tafelbild oder Flipchart die Gemeinsamkeiten und Unterschiede gesellschaftlicher Reaktionen um Umgang mit Pandemien im historischen Verlauf festgehalten.
3. Vergleicht die gesellschaftlichen Reaktionen auf Seuchen, die durch 1) direkte Ansteckung, 2) hygienebedingte/indirekte Ansteckung und 3) sexuelle Übertragung verbreitet werden.
4. Besprecht miteinander: Welche Bedingungen fördern die Ausbreitung einer Seuche?

Gesamtsicherung

- Am Ende des Unterrichtsprojekts ist eine Gesamtsicherung sinnvoll. Die Lernenden vergleichen Verläufe, gesellschaftliche Reaktionen und Auswirkungen der behandelten Epidemien und ziehen gemeinsam Fazit.
- Weiter können die Lernenden im Unterrichtsgespräch jeweils positive und negative Folgen der einzelnen Pandemien ableiten (z. B. Covid-19: positiv: Digitalisierung, negativ: Schere Reich-Arm wird größer, Schüler mit niedrigem sozialen Status wurden während der Schulschließungen vermehrt abgehängt etc., Querdenkende). Im Anschluss diskutieren die Lernenden, was gesellschaftlich gegen die negativen Auswirkungen unternommen werden kann (z. B. gegen sog. Querdenkende: medizinische Aufklärung etc.).

Fachlich-didaktische Literatur

Bergmann, Klaus: Multiperspektivität. Geschichte selber denken, Schwalbach/Ts. 2000.

Beule, Jürgen: Bildwelten zu AIDS. Die Immunschwäche im Spiegel der Printmedien, Frankfurt/M. 1999.

Briese, Olaf: Angst in den Zeiten der Cholera, Düsseldorf 2003.

Bundeszentrale für gesundheitliche Aufklärung: Daten und Fakten zu HIV, Köln 2022. https://www.welt-aids-tag.de/daten-und-fakten/ (22.10.2022)

Burschel, Peter/Cornelißen, Christoph/Sauer, Michael (Hg): Seuchengeschichte. Schwerpunktheft Geschichte in Wissenschaft und Unterricht, 7/8 (2022).

Dinges, Martin/Schlich, Thomas (Hg): Neue Wege in der Seuchengeschichte, Stuttgart 1995.

Eitz, Thorsten: AIDS. Krankheitsgeschichte und Sprachgeschichte, Hildesheim 2003.

Evans, Richard: Tod in Hamburg. Stadt, Gesellschaft und Politik in den Cholera-Jahren 1830–1910, Reinbek 1996.

Fangerau, Heiner/Labisch, Alfons: Pest und Corona. Pandemien in Geschichte, Gegenwart und Zukunft, Freiburg 2020.

Haverkamp, Alfred: Die Judenverfolgungen zur Zeit des Schwarzen Todes im Gesellschaftsgefüge deutscher Städte, in: Haverkamp, Alfred (Hg.) Zur Geschichte der Juden im Deutschland des späten Mittelalters und der frühen Neuzeit, Stuttgart 1981, S. 27–93.

Hieronymus, Marc: Krankheit und Tod 1918. Zum Umgang mit der Spanischen Grippe in Frankreich, England und dem Deutschen Reich, Münster 2006.

Jankrift, Kay: Im Angesicht der „Pestilenz". Seuchen in westfälischen und rheinischen Städten (1349–1600), Düsseldorf 2020.

Landesinstitut für Lehrerbildung und Schulentwicklung (Hg.): Seuchen und Gesundheit. Unterrichtsmaterialien zur Medizin- und Sozialgeschichte Hamburgs. Hamburg 2020.

Loibl, Michael (Hg.): Krisen in Bayern. Seuchen, Kriege, Naturkatastrophen und ihre Folgen, HDBG-Magazin (2020).

Meganck, Rita M./Baric, Ralph S.: Developing therapeutic approaches for twenty-first-century emerging infectious viral diseases, in: Nature Medicine 27 (2021), S. 401–410.

Michels, Eckard: Die Spanische Grippe 1918/19. Verlauf, Folgen und Deutungen in Deutschland im Kontext des Ersten Weltkriegs, in: VfZ 58 (2010), S. 1–33.

Mühlauer, Elisabeth: „Welch' ein unheimlicher Gast. Die Cholera-Epidemie 1854 in München", Münster 1996.

Philips, Howard/Killingray, David (Hg.): The Spanish Influenza Pandemic of 1918–19, New Perspectives, London 2003.

Rolle, Michael: Medizinische Mikrobiologie, Infektions- und Seuchenlehre, Stuttgart 2007.

Söhner, Felicitas: Seuchen (bis 1800), in: Historisches Lexikon Bayerns, 14.06.2022. https://www.historisches-lexikon-bayerns.de/Lexikon/Seuchen_(bis_1800) (07.11.2022)

Söhner, Felicitas: Seuchen (ab 1800), in: Historisches Lexikon Bayerns, 19.10.2023. https://fetischistischen-lexikon-bayerns.de/Lexikon/Seuchen_(ab_1800) (29.01.2024)

Thießen, Malte: Infiziertes Europa. Seuchen im langen 20. Jahrhundert, Berlin 2014.

Thießen, Malte: Infizierte Gesellschaften: Sozial- und Kulturgeschichte von Seuchen, in: Aus Politik und Zeitgeschichte 20–21 (2015), S. 11–18.

Ulrichs, Timo/Faby, Susanne/Ehm, Simone (Hg.): Tödlich trotz Hightechmedizin. Infektionskrankheiten als Herausforderung im 21. Jahrhundert, Berlin 2016.

Vasold, Manfred: Grippe, Pest und Cholera. Eine Geschichte der Seuchen in Europa, Stuttgart 2008.

Vögele, Jörg/Noack, Thorsten/Knoll, Stefanie (Hg.): Epidemics and Pandemic in Historical Perspective, Freiburg 2016.

Weingart, Brigitte: Ansteckende Wörter. Repräsentationen von AIDS, Frankfurt 2002.

Wilderotter, Hans/Dorrmann, Michael (Hg.): Das große Sterben. Seuchen machen Geschichte, Berlin 1995.

Winkle, Stefan: Geißeln der Menschheit. Kulturgeschichte der Seuchen, Düsseldorf 2005.

Witte, Wilfried: Erklärungsnotstand. Die Grippe-Epidemie 1918–1920 in Deutschland unter besonderer Berücksichtigung Badens. Herbolzheim 2006.